JN087996

すぐに身につく 個人情報の取扱いガイド

三宅法律事務所 パートナー弁護士
渡邉 雅之

西日本シティ銀行 コンプライアンス統括部 主任調査役
加来 輝正

信金中央金庫 信用金庫部 上席審議役
佐々木 城夛

近代セールス社

はじめに

　金融機関は多くのお客様と取引を行っており、膨大な個人情報を取り扱っています。お客様の個人情報は金融機関の業務において最も重要である一方で、万が一悪意のある第三者に漏えいすれば不正や犯罪のために悪用されかねません。

　このような性質を持つ個人情報に関しては、その有用性に配慮しつつ、個人が持つ自己の情報に関する利益を適切に保護することを立法趣旨とする個人情報保護法が制定されています。

　金融機関の担当者としては、こうした立法趣旨を踏まえつつ、法令の内容や内部で定められているルールを十分に把握して遵守しなければなりません。

　本書では、担当者として必要な個人情報取扱いの基礎知識や、ケースごとの対応法、ルール違反の防止策などを解説しています。図解やマンガを多用していますので、個人情報について初めて学ぶ方々にも理解しやすくなっています。

　また、2020年6月に改正された個人情報保護法のポイントや、改正法に則った実務についても網羅していますので、最新の取扱いを学びたい方にもおすすめです。

　本書は、3名の専門家の共著としており、第1章を三宅法律事務所パートナー弁護士の渡邉雅之氏、第2章を西日本シティ銀行コンプライアンス統括部主任調査役の加来輝正氏、第3章を信金中央金庫信用金庫部上席審議役の佐々木城夛氏にご執筆いただきました。

　2020年改正法のポイントをまとめた巻末付録は、第1章をご執筆いただいた渡邉氏にご監修いただきました。

2021年4月

近代セールス社

1

目次

第3章●これはダメ！ルール違反になる個人情報の取扱い

巻末付録

第1章

〈図解〉
個人情報と
取扱いの基礎知識

１ 個人情報ってなに？

個人情報保護法上の個人情報とは、生存する個人に関する情報であって、⑦当該情報に含まれる氏名、生年月日その他の記述等により特定の個人を識別することができるもの、または④個人識別符号を含むものをいいます。

Cookie（クッキー）や IP アドレスなど、それ単体では特定の個人を識別できない情報でも他の情報と容易に照合することができ、それにより特定の個人を識別できることとなるものも個人情報に該当します。なお、個人情報保護法の2020年改正により、Cookie や IP アドレスは「個人関連情報」に該当することになりました（2022年4月施行）。

個人識別符号とは、ⓐ個人の身体的特徴（DNA や顔の容貌、指紋など）を本人認証できるように変換したものや、ⓑ個人に付与された公的な番号（運転免許証番号や旅券番号、基礎年金番号、マイナンバー〈個人番号〉等）のことです。なお、マイナンバーが含まれる個人情報のことをマイナンバー法（番号法）上では特定個人情報といいます。

また、個人情報取扱事業者（個人情報データベースなどを事業の用に供している者）がデータベース化（個人情報データベース等という）した個人情報のことを個人データといいます。個人データのうち、個人情報取扱事業者が開示や内容の訂正、追加または削除、利用の停止、消去および第三者への提供の停止を行うことができる権限を有するもの（6ヵ月以内に消去することとなるもの等を除く）を保有個人データといいます。

なお、個人情報保護法の2020年改正により、6ヵ月以内に消去する短期保有の個人データも、保有個人データに該当することになりました（2022年4月施行）。

●個人情報保護法による定義

個人情報
生存する個人に関する情報であって、㋐特定の個人を識別できるもの
（他の情報と容易に照合でき、それにより特定の個人を識別できるもの
を含む）、または㋑個人識別符号を含むもの

個人データ
個人情報データベース等を構成する個人情報
（例）委託を受けて、入力・編集・加工等のみを行っているもの

保有個人データ
個人情報取扱事業者が開示や訂正、削除等の権限
を有する個人データ
（例）自社の事業活動に用いている顧客情報
（例）事業として第三者に提供している個人情報
（例）従業員等の人事管理情報

・保有個人データに関する事項の公表（27条）
・開示（28条）
・訂正等（29条）
・利用停止等（30条）
・理由の説明（31条）
・開示等の請求等に応じる手続き（32条）
・手数料（33条）

・個人データ内容の正確性の確保（19条）
・安全管理措置（20条）
・従業者の監督（21条）
・委託先の監督（22条）
・第三者提供の制限（23条）
・外国にある第三者への提供の制限（24条）
・確認・記録義務（25条・26条）

利用目的の特定（15条）
利用目的による制限（16条）
適正な取得（17条）
取得に際しての利用目的の通知等（18条）

※個人情報に関わる業務を行ってい
　る人のことをすべて従業者という

② 個人情報保護法の主な内容

個人情報保護法で規定されている主な内容は下記のとおりです。いずれも金融機関の行職員として重要なポイントですので、十分に把握しておきましょう。

⑴個人情報の利用目的の特定と目的外利用の禁止

個人情報取扱事業者は、個人情報の取扱いにあたって、利用目的をできる限り特定し、特定された利用目的の達成に必要な範囲を超えて個人情報を取り扱ってはなりません。

⑵適正な取得と取得時の利用目的の通知等

個人情報取扱事業者は、偽りその他不正な手段によって個人情報を取得してはなりません。要配慮個人情報を取得するには、あらかじめ本人の同意が必要となります。個人情報を取得したときには、本人に速やかに利用目的を通知または公表します。本人から直接書面で取得する場合には、あらかじめ本人に利用目的を明示しなければなりません。

⑶個人データの正確性の確保・安全管理措置

個人情報取扱事業者は、利用目的の範囲内で、個人データを正確かつ最新の内容に保ち、また利用の必要がなくなった個人データを遅滞なく消去する努力義務を負います。

個人情報取扱事業者は、個人データの漏えいや滅失を防ぐため、必要かつ適切な安全管理措置を講じ、従業者や個人データ取扱いの委託先に対し必要かつ適切な監督を行わなければなりません。

⑷第三者提供の制限

個人情報取扱事業者は、原則として、あらかじめ本人の同意を得ないで、本人以外の第三者に個人データを提供してはなりません。

個人データの第三者提供の制限の例外としては、㋐法令に基づく場合

●個人情報保護法の主な内容

取扱いの種別	個人情報保護法の規定
取得	・個人情報の利用目的の特定（15条） ・目的外利用の禁止（16条） ・適正な取得（17条） ・取得時の利用目的の通知等（18条）
利用	・個人データ内容の正確性の確保（19条） ・安全管理措置（20条） ※適正な利用（2020年改正により規定） ※漏えい等報告（2020年改正により規定）
第三者提供	・本人の事前同意の必要…以下⑦～⑨の場合は除く（23条） ⑦法令に基づく場合等の公益目的の提供 ①オプトアウト ⑦第三者に該当しない場合（ⓐ個人データの全部または一部の取扱いを委託する場合、ⓑ合併等の事業承継の場合、ⓒ共同利用をする場合） ・外国にある第三者への提供（24条） ・第三者提供の確認・記録義務（25条・26条）
利用目的の通知や、開示・訂正・利用停止等	・保有個人データの利用目的や、開示等に必要な手続き、苦情の申出先等について本人の知り得る状態に置くこと（27条） ・本人からの請求等に応じて、保有個人データの開示・訂正・利用停止等を行うこと（28条・29条・30条）

等公益的な理由がある場合、①オプトアウト（本人が反対しない限り、個人情報の第三者提供に同意したものとみなすこと）、⑦第三者に該当しない場合（ⓐ個人データの全部または一部の取扱いを委託する場合、ⓑ合併等の事業承継の場合、ⓒ共同利用をする場合）があります。

　また、外国にある第三者への提供制限や、第三者提供の確認・記録義務が設けられています。

⑸利用目的の通知や、開示・訂正・利用停止等

　個人情報取扱事業者は、保有個人データの利用目的や、開示等に必要な手続き、苦情の申出先等について本人の知り得る状態に置き、本人からの請求等に応じて、保有個人データの開示・訂正・利用停止等を行わなければなりません。

3 個人情報の保護と守秘義務との違い

金融機関の行職員としては、個人情報保護法による規定とともに、守秘義務の規定についても理解しておく必要があります。混同することがないように違いについても把握しておきましょう。

個人情報は、個人情報保護法という法律で保護されるものです。金融機関においては、個人の顧客情報だけでなく、従業員情報も対象となります。また、外部に開示されていない非公表の個人情報も対象となります。

これに対して、守秘義務については、法律上明文化された規定はありません。ただし、銀行等の金融機関は、商慣習・黙示的な契約により、お客様（法人顧客・個人顧客）の秘密情報を保護する守秘義務を負っていると考えられています。

例外的にお客様の秘密情報を第三者へ開示・提供することが認められるのは、お客様本人の同意がある場合や法令に基づく場合などに限られます。

契約書の秘密保持条項や秘密保持契約書が別途定められている場合には、その内容が優先的に適用されます（契約書＞商慣習・黙示の契約）。

なお、銀行等の金融機関は、以上のようなことのほかに、銀行法や信用金庫法等の業法に基づいて、個人顧客情報の漏えい、滅失または毀損の防止を図るために、安全管理や従業者の監督、および当該情報の取扱いを委託する場合にはその委託先の監督について、必要かつ適切な措置を講じなければなりません。この場合の個人顧客情報は、公表情報も対象とします。

●個人情報の保護・守秘義務・個人顧客情報の保護

義務の種類	根拠法等	対象
個人情報の保護	個人情報保護法	・個人情報全般が対象（従業員情報も対象） ・非公表情報も対象
守秘義務	・商慣習 ・黙示の契約 ・契約書	・個人情報だけでなく法人情報も対象 ・非公表情報のみ
個人顧客情報の保護	・銀行法 ・信用金庫法等	・個人顧客情報が対象 ・公表情報も対象

●契約書の優先性

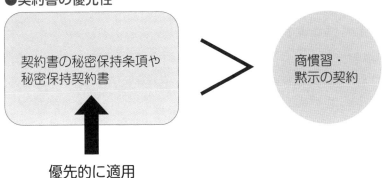

契約書の秘密保持条項や秘密保持契約書 ＞ 商慣習・黙示の契約

優先的に適用

❹個人情報の取得時の留意点

個人情報取扱事業者である金融機関等は、お客様から個人情報を申込書や契約書などの書面で直接取得する場合は、あらかじめ本人に対しその利用目的を明示しなければなりません。その他の場合は、利用目的を通知・公表することが認められており、許されます。

　具体的には、以下のような利用目的を書面等で明示しています。

㋐各種金融商品の口座開設等、金融商品やサービスの申込受付のため

㋑犯罪収益移転防止法に基づく本人確認のため

㋒預金取引や融資取引等における期日管理等、継続的な取引における管理のため

　また、金融機関が、お客様の個人番号および個人番号を含む個人情報（特定個人情報）を取得する場合には、ⓐ金融商品取引に関する法定書類作成事務、ⓑ国外送金等取引に関する法定書類作成事務、ⓒ預貯金口座付番に関する事務といった利用目的を書面等で明示する必要があります。

　なお、金融分野における個人情報保護に関するガイドライン（以下、金融分野ガイドライン）により、融資取引においてお客様本人から直接書面で個人情報を取得する場合は、利用目的を明示する書面に確認欄を設ける等を行い、利用目的について本人の同意を取得することとされています。

　注意点は、偽りその他不正な手段によって個人情報を取得することは禁じられている点です。例えばオプトアウト手続きを経ていない個人情報を取得することは禁止されます。

　要配慮個人情報については、取得にあたって本人の同意が必要となります。金融分野ガイドラインで規定される「機微（センシティブ）情

●個人情報を取得する際の主な留意点

・書面等で取得する場合は利用目的の明示が必要
・融資取引については書面における利用目的の本人の同意が必要
・偽りその他不正な手段による個人情報の取得は禁止
・要配慮個人情報は取得にあたって本人の同意が必要
・機微情報は原則として取得は禁止
・取引時確認の際に提示される一定の本人確認書類の記載情報について、法令上取得が禁止されている情報の取得は禁止（マイナンバーや住民票コード、基礎年金番号、保険者番号・被保険者記号・番号など）

●マスキング等が必要な本人確認書類の例

本人確認書類の種類	マスキング等の箇所
マイナンバーカード	マイナンバー（裏面に記載されているので、裏面をコピーしたりスキャニングしたりしない）
住民票の写し	・マイナンバー（記載されている場合） ・住民票コード（記載されている場合）
・年金手帳 ・国民年金手帳	基礎年金番号
・国民健康保険被保険者証 ・健康保険被保険者証 ・国家公務員共済組合の組合員証 ・地方公務員共済組合の組合員証 ・私立学校教職員共済制度の加入者証 ・後期高齢者医療被保険者証	・被保険者の記号・番号 ・保険者番号 ・二次元コード（記載されている場合）

報」については、原則として取得が禁止されています。

　ちなみに、取引時確認で本人確認書類の提示を受ける場合に、法令上取得することが制限されている情報があります。具体的には、マイナンバーカードのマイナンバー（個人番号）や、住民票の写しの個人番号・住民票コード（記載されている場合）、年金手帳の基礎年金番号です。2020年10月からは、健康保険被保険者証等の保険者番号および被保険者記号・番号なども告知を求めることが禁止されました。

　実務上、これらの情報を取得しないように、例えばコピーする際にマスキングをします。確認記録等には、これらの情報以外の事項を記録します。

5 個人情報の管理・廃棄の留意点

個人情報やマイナンバー（個人番号）の漏えい等を防止するため
に、個人情報やマイナンバーのファイルを取り扱う情報システム
を管理する区域（以下、管理区域）、およびこれらの情報を取り扱う事
務を実施する区域（以下、取扱区域）を明確にし、物理的な安全管理措
置を講ずることが求められます。

　管理区域については、入退室管理および管理区域へ持ち込む機器等の
制限等が必要です。また、入退室管理の方法は、IC カードやナンバー
キー等による入退室管理システムの設置等が考えられます。

　取扱区域については、壁・間仕切り等の設置や事務取扱担当者の座席
配置の工夫等が必要です。事務取扱担当者の座席配置の工夫とは、例え
ば事務取扱担当者以外の者の往来が少ない場所への座席配置や、後ろか
ら覗き見される可能性が低い場所への座席配置等が考えられます。

　金融機関の窓口においては、取扱区域として、他のお客様にマイナン
バーの書かれた書類を見られないような配慮が特に必要となります。ま
た、お客様のマイナンバーを受け入れる窓口以外の窓口担当者がマイナ
ンバーを見たり聞いたりできないようにする配慮が必要です。

　法定保存期間を経過した書類や必要なくなった書類は、個人情報やマ
イナンバーを「できるだけ速やかに」「復元できない手段」で削除また
は廃棄することが求められます。

　できるだけ速やかにといっても、書類の法定保存期間経過後、直ちに
（例えば1週間後や2週間後など）までに削除しなければならないわけ
ではなく、「毎年度末に廃棄を行う」といったことも可能です。各金融
機関では、ルールを定めていますので、それに従いましょう。

　復元できない手段は、金融機関によってルールは異なりますが、マイ

●物理的安全措置の概要

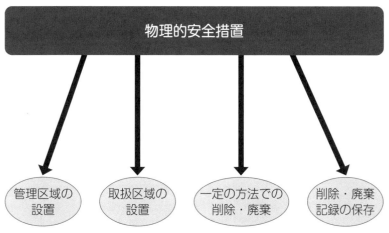

ナンバーや特定個人情報が記録された書類は焼却や溶解、シュレッダーによる場合は復元できない程度に裁断するなどが定められています。マイナンバーや特定個人情報が記録された機器や電子媒体を廃棄する場合、専用のデータ削除ソフトウェアの利用や物理的な破壊によります。

　個人情報やマイナンバーを記録したファイルを削除した場合、または電子媒体を廃棄した場合、削除または廃棄した記録を保存することを要します。各金融機関のルールによりますが、削除・廃棄の記録は、特定個人情報ファイルの種類・名称や、責任者・取扱部署、削除・廃棄状況等を記録することが考えられます。ただし、マイナンバー自体を記録してはなりません。

⑥個人情報の利用制限・禁止

個人情報保護法上、「利用」は広い概念であり、「取得」および「廃棄」を除く「取扱全般」を意味します。すなわち、個人データを保管しているだけでも利用に該当します。また、個人データの第三者提供も利用の一環です。

　個人情報取扱事業者は、原則として、あらかじめ本人の同意を得ないで、プライバシーポリシーや利用目的を明示した書面において特定された利用目的の達成に必要な範囲を超えて、個人情報を取り扱うことはできません（目的外利用の禁止）。

　ただし、法令に基づく場合や、人の生命、身体または財産の保護のために必要がある場合であって本人の同意を得ることが困難であるとき等は、例外的に目的外利用が許されます。

　個人情報保護法で規定されている要配慮個人情報は、原則として、本人の同意がなければ取得することはできません。一方、金融分野における個人情報保護に関するガイドライン（金融分野ガイドライン）で定められている機微（センシティブ）情報は、取得・利用・第三者提供のいずれも原則として禁止されています。金融分野の個人情報取扱事業者は、要配慮個人情報と機微情報のいずれのルールも守る必要があります。

　マイナンバー（個人番号）については、マイナンバー法（番号法）などの法令で定められている目的でしか利用することができません。

　なお、2020年の改正個人情報保護法（2022年4月施行）において、個人情報取扱事業者は、違法または不当な行為を助長あるいは誘発するおそれがある方法により、個人情報を利用してはならないと規定されています。

16

●個人情報の利用に関する主な制限・禁止

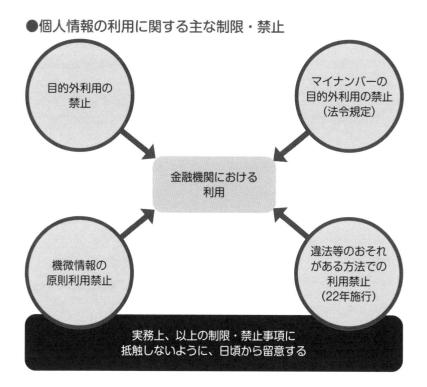

7 個人情報の第三者提供の制限

金融機関等の個人情報取扱事業者は、個人データを第三者に提供する場合は、原則として、あらかじめ本人の同意を得ないで第三者に提供することが禁止されます。

　金融分野における個人情報保護に関するガイドライン（金融分野ガイドライン）においては、本人の同意は書面（電磁的方法を含む）により取得することとされています。

　ただし例外的に、裁判所の命令等の法令に基づく場合や、反社会的勢力に関する情報を提供する場合のような、人の生命、身体または財産の保護のために必要がある場合であって、本人の同意を得ることが困難であるときなどは、本人の事前の同意は不要とされます。

　また、本人の求めに応じて個人データの第三者への提供を停止するまで本人の同意なく個人データの第三者提供が認められる「オプトアウト」の制度も認められています。オプトアウトについては、本人に通知または本人が容易に知り得る状態に置くとともに、個人情報保護委員会への届出が必要となります。

　個人データの取扱いの委託や、合併等の事業承継、個人データの共同利用に伴って、個人データを提供する場合は、一体的な関係があるため、第三者への提供とはみなされず、本人の同意が不要となります。

　外国にある第三者へ個人データを提供する場合は、原則として、外国にある第三者へ提供する旨の本人の同意が必要となります。個人情報保護委員会規則で定める国・地域（2021年4月時点ではEU加盟国および英国）、または個人情報保護委員会規則で定める基準に適合する体制整備する者に個人データを提供する場合は、国内の第三者へ個人データを提供する場合と同様に扱われます。

●個人データの第三者提供に関する同意の要否

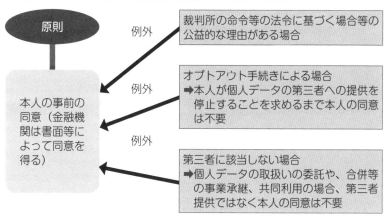

●第三者提供の記録

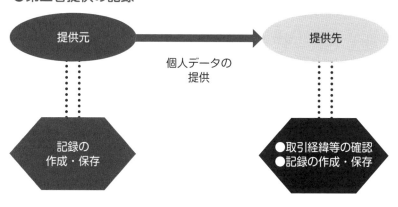

　個人データを第三者に提供する場合は、提供元・提供先のいずれも記録を作成し、保存する必要があります。提供を受ける側においては、個人データの取得の経緯等について確認することも必要です。

⑧個人データの開示請求や対応

顧客等の個人は、金融機関等の事業者に対し、当該本人が識別される保有個人データの開示を請求することができます。

　金融機関等の事業者は、開示請求を受けたときには、本人に対し遅滞なく当該保有個人データを開示しなければなりません。ただし、以下のような場合は、当該保有個人データの全部または一部を開示しないことができます。

㋐本人または第三者の生命・身体・財産その他の権利利益を害するおそれがある場合

㋑当該個人情報取扱事業者の業務の適正な実施に著しい支障を及ぼすおそれがある場合

㋒他の法令に違反することとなる場合

　当該保有個人データの開示方法は、書面の交付による方法、または開示請求を行った者が同意した方法があるときはその方法によることとされています。

　2020年に改正された個人情報保護法（2022年4月施行）では、本人が電磁的記録の提供を含め開示方法を指示できるようにされ、請求を受けた事業者は原則として本人が指示した方法により開示するよう義務づけられます。

　ただし、当該方法による開示に多額の費用を要する場合その他の当該方法による開示が困難である場合は、書面交付による開示を認めており、その旨を本人に対し通知することを義務づけています。

　開示請求は、2017年5月30日施行の改正により、裁判上の請求もできるようになりました。ただし、あらかじめ事業者に対して開示請求を行い、かつ、その到達した日から2週間を経過した後でなければ、その訴

●個人顧客からの開示請求と対応

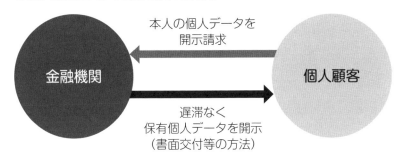

●保有個人データの開示請求の方法の新旧

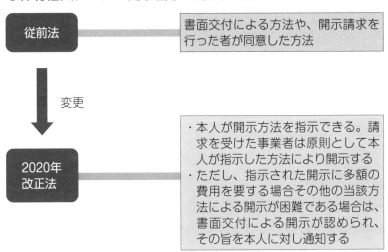

えを提起することができません。

　一方、当該訴えの被告となるべき者がその開示請求を拒んだときは、直ちに訴えを提起することができます。

⑨ 利用停止や消去等の請求と対応

顧客等の個人は、以下のような場合に、金融機関等の事業者に対して当該保有個人データの利用の停止または消去をすることを請求できます。

㋐本人が識別される保有個人データが目的外利用されている場合

㋑偽りその他不正な手段により本人の個人情報が取得された場合

㋒あらかじめ本人の同意を得ずに要配慮個人情報が取得された場合

　また、金融機関等の事業者に対し、本人が識別される保有個人データが本人の同意を得ずに第三者に提供されている場合等には、当該保有個人データの第三者への提供の停止を請求することができます。

　金融機関等の事業者は、利用停止や消去、または第三者提供の停止を請求された場合で、その請求に理由があることが判明したときは、遅滞なく当該保有個人データの利用停止・消去や第三者提供の停止を行わなければなりません。

　ただし、当該保有個人データの利用停止・消去または第三者提供の停止に多額の費用を要する場合その他の利用停止・消去または第三者提供の停止を行うことが困難な場合であって、本人の権利利益を保護するために必要なこれに代わるべき措置をとるときは、当該保有個人データの利用停止・消去や第三者提供の停止を行わないことが認められています。

　2020年に改正された個人情報保護法（2022年4月施行）により、上記の場合に加えて、以下のような場合にも利用停止や消去または第三者提供の停止の請求ができるようになりました。

ⓐ本人が識別される保有個人データを個人情報取扱事業者が利用する必要がなくなった場合

●利用停止・消去、第三者提供の停止の請求要件の緩和

利用停止・消去、第三者提供の
停止の請求ができる要件を緩和

●利用停止・消去、第三者提供の停止の請求ができる場合

従前法	㋐本人が識別される保有個人データが目的外利用されている場合 ㋑偽りその他不正な手段により個人情報が取得された場合 ㋒あらかじめ本人の同意を得ずに要配慮個人情報が取得された場合
2020年改正法	ⓐ本人が識別される保有個人データを個人情報取扱事業者が利用する必要がなくなった場合 ⓑ個人データの漏えい等が生じた場合 ⓒ本人が識別される保有個人データの取扱いにより本人の権利または正当な利益が害されるおそれがある場合

（具体例）ダイレクトメールを送付するために保有していた情報について、本人から求めを受けるなどにより、ダイレクトメールの送付を停止した後、本人が消去を請求した場合

ⓑ個人データの漏えい等が生じた場合

ⓒ 本人が識別される保有個人データの取扱いにより本人の権利または正当な利益が害されるおそれがある場合

（具体例）ダイレクトメールの送付を受けた本人が、送付の停止を求める意思を表したにもかかわらず、ダイレクトメールを繰り返し送付していることから、本人が利用停止等を請求する場合

⑩漏えいの報告・通知義務

20 20年改正前の個人情報保護法では、個人データが漏えいした場合に、個人情報保護委員会等への報告や本人への通知を行うことは義務づけられておらず、努力義務とされています。

　もっとも金融機関については、「金融分野における個人情報保護に関するガイドラインの安全管理措置等についての実務指針」において、個人データについて漏えい事案等が発生した場合には、監督当局等への報告を実施することが義務づけられています（義務規定）。

　ただし、FAXの誤送信や郵便物等の誤送付、およびメール誤送信などについては、当該金融機関が個別の事案ごとに、漏えい等した情報の量や機微（センシティブ）情報の有無、および二次被害や類似事案の発生の可能性などを検討し、直ちに報告を行う必要性が低いと判断したものであれば、業務上の手続きの簡素化を図る観点から、四半期に1回程度にまとめて報告しても差し支えないこととされています。

　2020年改正法（2022年4月施行）では、個人データの漏えい等報告および本人への通知について義務づけられています。㋐要配慮個人情報の漏えい等の発生・発生のおそれ、㋑不正アクセスによる漏えい等の発生・発生のおそれ、㋒財産的被害が生じるおそれのあるデータの漏えい等の発生・発生のおそれの事案が、件数に関係なく報告の対象となります。また、情報の質に関係なく1,000件以上の大規模な漏えいの発生は報告対象となります。漏えい等の発生のおそれがある事態についても、漏えい等の報告・本人通知が必要になる可能性があります。

　ただし、高度な暗号化等により秘匿化された個人データについては、漏えい等の報告・本人通知の対象外となる予定です（2021年4月現在）。

　明確な時間的制限は設けられていないものの、報告内容を一定程度限

● 2020年法改正前後の報告義務の比較

	従前法	2020年改正法
義務	金融機関は義務（他分野の事業者は努力義務）	義務
報告対象事案	金融機関については、個人データの漏えい事案等が発生した場合に対象になる ※ただし、FAXの誤送信や郵便物等の誤送付、およびメール誤送信の場合は、四半期に1度程度の報告でよい	(1)以下のような漏えい等事案が1件でも対象 ①要配慮個人情報の漏えい ②不正アクセスによる漏えい ③財産的被害が生じるおそれのあるデータの漏えい (2)大規模な漏えい（1,000件以上の漏えい）が対象 (3)上記(1)(2)のおそれがある場合が対象 ※高度な暗号化等により秘匿化された個人データは、漏えい等の報告・本人通知の対象外
期限	—	・速報（速やかに） ・確報（期限30日・60日）

定したうえで速やかに報告することが義務づけられています（速報）。また、速報とは別に、原因や再発防止策等の報告を一定の期限（原則として30日。不正目的で行われた行為は60日）までに報告することになります（確報）。

　個人情報保護委員会へ報告する事態が生じた場合は、本人へ通知しなければなりません。ただし、本人への通知が困難な場合であって、本人の権利利益を保護するために必要なこれに代わるべき措置をとるときは、本人への通知を要しません。

⑪要配慮個人情報の取扱い

個人情報保護法により、要配慮個人情報は、あらかじめ本人の同意を得ないで取得することが禁止されています。

要配慮個人情報には、以下のようなことが該当します。

㋐本人の人種

㋑信条

㋒社会的身分

㋓病歴

㋔犯罪の経歴

㋕犯罪により害を被った事実

㋖身体障害や知的障害、精神障害（発達障害を含む）等の心身の機能の障害があること

㋗医師等による健康診断等の結果

㋘健康診断等の結果に基づく指導・診療・調剤

㋙本人を被疑者または被告人として、逮捕や捜索、差押、勾留、公訴の提起その他の刑事事件に関する手続きが行われたこと

㋚本人を非行少年またはその疑いのある者として、調査や観護の措置、審判、保護処分その他の少年の保護事件に関する手続きが行われたこと

㋛遺伝子検査結果等のゲノム情報

人種とは、人種や世系、民族的、種族的出身を広く意味し、アイヌ民族や在日韓国人・朝鮮人といった情報がこれに該当します。なお、単純な国籍や外国人という情報は法的地位であり、それだけでは人種とはいえません。信条とは、個人の基本的なものの見方や考え方を意味し、思想と信仰の双方を含むものです。社会的身分とは、ある個人にその境遇

●要配慮個人情報の取得手続き

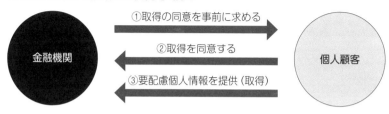

●要配慮個人情報の種類

要配慮個人情報に該当するもの
⑦本人の人種
④信条
⑦社会的身分
④病歴
⑦犯罪の経歴
⑪犯罪により害を被った事実
⑪身体障害や知的障害、精神障害（発達障害を含む）等の心身の機能の障害があること
⑦医師等による健康診断等の結果
⑦健康診断等の結果に基づく指導・診療・調剤
⑤本人を被疑者または被告人として、逮捕や捜索、差押、勾留、公訴の提起その他の刑事事件に関する手続きが行われたこと
⑪本人を非行少年またはその疑いのある者として、調査や観護の措置、審判、保護処分その他の少年の保護事件に関する手続きが行われたこと
⑨遺伝子検査結果等のゲノム情報

として固着していて、一生の間、自らの力によって容易にそれから簡単に脱し得ないような地位を意味し、単なる職業的地位や学歴は含まれません。犯罪の経歴とは、前科、すなわち有罪の判決を受け、これが確定した事実が該当し、逮捕されただけではこれに該当しません。

　本籍地や国籍、反社会的勢力に該当する事実、運転免許証の条件等・臓器提供意思の確認欄、労働組合への加盟、性生活、介護に関する情報は、要配慮個人情報に該当しません。

⑫機微情報と取扱いの留意点

金融機関を含む金融分野の事業者は、個人情報保護法上の要配慮個人情報の取扱いに加えて、個人情報保護委員会・金融庁の「金融分野における個人情報保護に関するガイドライン」（金融分野ガイドライン）で規定される機微（センシティブ）情報の取扱いを遵守する必要があります。

機微情報には、要配慮個人情報に加えて、労働組合への加盟や門地、本籍地、保健医療、性生活が該当します。

要配慮個人情報については、原則としてあらかじめ本人の同意を得ないで取得することを禁止しています。ただし、オプトアウトの方法による第三者提供ができない点を除き、利用制限はありません。

他方、機微情報については、原則として取得・利用・第三者提供のいずれも禁止されています。

要配慮個人情報と機微情報の行為規制の例外については、以下のような場合が挙げられます。

⑴要配慮個人情報（個人情報保護法における規定）

㋐法令に基づく場合

㋑人の生命や身体、財産の保護のために必要がある場合であって、本人の同意を得ることが困難であるとき

㋒公衆衛生の向上または児童の健全な育成の推進のために特に必要がある場合であって、本人の同意を得ることが困難であるとき

㋓国の機関や地方公共団体、その委託を受けた者が法令の定める事務を遂行することに対して協力する必要がある場合であって、本人の同意を得ることにより当該事務の遂行に支障を及ぼすおそれがあるとき

●機微情報の原則的な取扱い

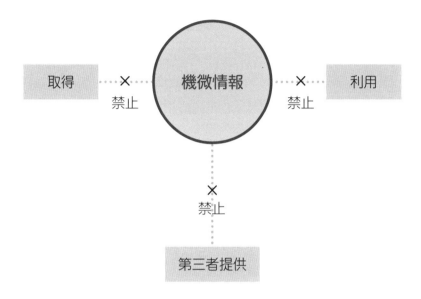

⑵機微情報（金融分野ガイドラインにおける規定）

ⓐ法令等に基づく場合

ⓑ人の生命や身体、財産の保護のために必要がある場合

ⓒ公衆衛生の向上または児童の健全な育成の推進のため特に必要がある場合

ⓓ国の機関や地方公共団体、その委託を受けた者が法令の定める事務を遂行することに対して協力する必要がある場合

ⓔ源泉徴収事務等の遂行上必要な範囲において、政治・宗教等の団体や労働組合への所属、加盟に関する従業員等の機微情報を取得し、利用や第三者提供をする場合

13 仮名加工情報と利用

仮名加工情報とは、他の情報と照合しない限り特定の個人を識別することができないように個人情報を加工した個人に関する情報のことです。これは、2020年に行われた個人情報保護法の改正により、個人情報と匿名加工情報の中間的な制度として創設されました（2022年4月施行）。

従前より、仮名化された個人情報について、一定の安全性を確保しつつも、匿名加工情報よりも詳細な分析を比較的簡便な加工方法で実施し得るものであり、それを利活用しようとするニーズが高まってきていました。

しかし、2020年改正前の個人情報保護法の下では、仮名化された個人情報でも、通常の個人情報としての取扱いに係る義務が一律に課されることから、企業からは負担の軽減を求める声がありました。

仮名加工情報は、本人と紐づいて利用されることがない限り、個人の権利利益が侵害されるリスクが相当程度低下することになるので、以下のようなことが認められています。

㋐本人を再識別しないことや内部分析に限定するという条件で、新たな目的で利用可能となり、利用目的の変更の制限が適用除外されること

㋑漏えい等の報告等が適用除外されること

㋒個人データの開示や利用停止等の個人の各種請求の対応が適用除外されること

仮名加工情報を作成するための加工基準としては、単体識別性を失わせる観点から、以下の2つが求められることになります（2021年4月現在）。

ⓐ個人情報に含まれる特定の個人を識別することができる記述等の全部

●仮名加工情報制度の創設による変更点

2020年改正前	2020年改正後
個人情報に該当するものは、一律に個人情報の取扱いに係る以下のような規律の対象になる ・利用目的の制限 ・利用目的の通知・公表 ・安全管理措置 ・第三者提供の制限 ・開示・利用停止等の請求対応 等 ※個人データ、保有個人データに係る規律を含む	(1)仮名加工情報として加工すれば、個人情報に該当しても、以下の義務は適用除外になる ①利用目的の変更の制限（法15条2項） ⇒新たな目的で利用可能 ※本人を識別しない、内部での分析・利用であることが条件（法35条の2の6項から8項） ②漏えい等の報告等（法22条の2） ③開示・利用停止等の請求対応（法27条から34条） (2)加工前の個人情報は残したまま、これまでどおり利用可能

●仮名加工情報の概要

（上図は個人情報保護委員会
作成資料をもとに作成）

　または一部を削除・置換すること（例：氏名を削除すること）

ⓑ個人情報に含まれる個人識別符号の全部を削除・置換すること（例：旅券番号を削除すること）

　また、利益の侵害リスクを低減させる観点から、個人情報に含まれる記述等のうち、不正に利用されることにより財産的被害が発生するおそれがある記述等（クレジットカード番号や、インターネットバンキングのID・パスワード等）を削除・置換することが求められます。

　仮名加工情報に係る削除情報等（仮名加工情報の作成に用いられた個人情報から削除された記述等および個人識別符号ならびに加工の方法に関する情報）については、匿名加工情報に係る加工方法等情報と同程度の安全管理措置が求められます。

14 個人関連情報と規制の内容

2018〜2019年にわたる「リクナビ事件」をきっかけに、2020年に改正された個人情報保護法では、個人関連情報の第三者提供の制限の規制が設けられました。

個人関連情報とは、生存する個人に関する情報であって、個人情報や仮名加工情報および匿名加工情報のいずれにも該当しないものをいいます。郵便番号や、メールアドレス、性別、職業、趣味、顧客番号、Cookie（クッキー）情報、IP アドレス、契約者・端末固有 ID などの識別子情報、および位置情報、閲覧履歴や購買履歴といったインターネットの利用にかかるログ情報などの個人に関する情報で、特定の個人を識別できないものがこれに該当すると考えられます。

Cookie や IP アドレスなどの端末識別子がそれ単独で個人情報に該当しない点は改正法でも変更はありません。

個人関連情報取扱事業者（いわゆる DMP 事業者等）から、Cookie や IP アドレスなどの識別子情報に紐づいた個人関連情報の提供を受ける第三者は、他の情報と突合して個人データとして取得する場合に、Cookie や ID 等の提供を受けて本人が識別される個人データとして取得することを認める本人の同意を取得することが必要となります。

個人関連情報を第三者に提供する個人関連情報取扱事業者は、当該第三者が Cookie や IP アドレス等の提供を受けて、識別される個人データとして取得することを本人が認める同意を取得していることを確認し、記録を作成・保存する義務を負います。なお、個人データとして取得した第三者も記録の作成・保存義務を負います。

●個人関連情報取扱いのフローの例

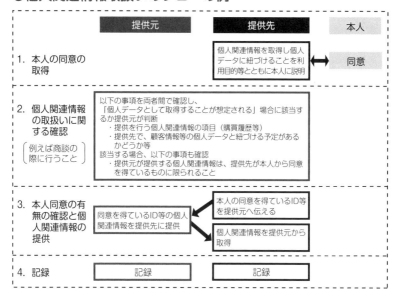

●個人関連情報に関する本人からの同意取得の態様・方法

明示の同意の取得例	明示の同意の取得とは認められない例
ウェブサイト上で必要な説明を行ったうえで、本人に当該ウェブサイト上のボタンのクリックを求める方法	プライバシーポリシー等において、個人関連情報の提供につき、利用者側にこれを拒否する選択肢を与えている（拒否されない限り同意しているものとして扱う）場合、これをもって改正法の求める本人の同意を取得したとはいえない
（ウェブサイトのイメージ）	（ウェブサイトのイメージ）
当社は、第三者が運営するデータ・マネジメント・プラットフォームから Cookie により収集されたウェブの閲覧履歴およびその分析結果を取得し、これをお客様の個人データと結びつけたうえで、広告配信等の目的で利用いたします。 **上記の取扱いに同意する**	個人関連情報の第三者提供を拒否する場合には、以下のボタンをクリックしてください。 **拒否する**

（個人情報保護委員会作成資料をもとに作成）

15 個人情報と特定個人情報の相違点①

個人情報と特定個人情報については、主に以下のような相違点があります。

(1)対象となる情報

個人情報は、個人情報保護法上、以下のものが対象になります。

㋐氏名、生年月日その他の記述により特定の個人が識別できるもの（他の情報と容易に照合することができ、それにより特定の個人が識別できることとなるものを含む）

㋑個人識別符号（個人に付された公的な番号や、身体的特徴のうち個人の認証が可能なもの）が含まれるもの…マイナンバー（個人番号）は、個人識別符号に該当

特定個人情報とは、マイナンバー法（番号法）上、マイナンバーを含む個人情報をいいます。

個人情報保護法では死者の個人情報は対象となりませんが、マイナンバー法では死者のマイナンバーも対象です。

(2)利用に関する規制

個人情報保護法上は、個人情報について利用目的の特定や、利用目的による利用範囲の制限、取得に際しての利用目的の公表等の義務があります。ただし、明示された利用目的の範囲内であれば原則として利用目的自体の制限はありません。

一方、特定個人情報の利用範囲については、マイナンバー制度上マイナンバー利用事務等やマイナンバー関連事務等のマイナンバー法に記載された事務に限定されています。

(3)第三者提供が認められる範囲

個人情報は本人の事前同意があれば第三者に個人データを提供するこ

●個人情報と特定個人情報の比較

	個人情報	特定個人情報
根拠法	個人情報保護法	マイナンバー法
対象となる情報	・特定の個人を識別できる情報（他の情報と容易に照合でき特定の個人を識別できるものを含む） ・個人識別符号を含む情報	マイナンバーを含む個人情報
利用に関する規制	・明示された利用目的の範囲内に限る ・利用目的自体に制約なし	マイナンバー法に記載された事務に利用範囲は限定
第三者提供が認められる範囲	以下のような場合に、第三者提供が認められる ・本人の事前同意がある場合 ・法令に基づく場合等公益目的である場合 ・オプトアウト ・第三者に該当しない場合（個人データの取扱いの委託や、事業承継、共同利用）	マイナンバー法に定められる場合に限られる
再委託	制限なし	委託元の同意がある場合のみ

とが認められています。一方、特定個人情報は本人の事前同意があっても第三者に提供できないのが原則です。マイナンバー法には、個人情報保護法のようなオプトアウトによる同意の制度もありません。

　また、個人情報は個人データの共同利用の場合、第三者提供に該当しないこととされています。一方、マイナンバーはこのような例外が認められていません。

⑷再委託

　マイナンバー法により、マイナンバー利用等事務の委託を受けた者は、委託元の同意がある場合のみ、再委託が可能とされています。個人情報保護法には、このような規定はありません。

16 個人情報と特定個人情報の相違点②

個人情報と特定個人情報については、前項に挙げた相違点以外に漏えいの報告や罰則でも相違点を見ることができます。

(5)漏えい報告等

特定個人情報が漏えいした場合、マイナンバー法（番号法）により、一定の場合において個人情報保護委員会へ報告することが義務とされています。

これに対して、個人情報が漏えいした場合、個人情報保護法上、個人情報保護委員会等への報告は努力義務とされています。

2020年に改正された個人情報保護法により、一定の個人情報の漏えいで漏えいの報告や本人への通知を行うことが義務化されています。

(6)罰則

個人情報保護法上は、個人情報取扱事業者やその役職員は業務に関して取り扱った個人情報データベース等を自己もしくは第三者の不正な利益を図る目的で提供しまたは盗用した場合、１年以下の懲役または50万円以下の罰金に処せられるとされています（直接罰）。それ以外の法令違反（個人情報の目的外利用や不正な第三者提供）は主務大臣の勧告に従わず、措置命令違反があってはじめて罰則（６月以下の懲役または30万円以下の罰金）の対象となります（間接罰）。個人情報保護法上では、いわゆる間接罰が主といえます。

これに対して、マイナンバー法により、マイナンバー利用事務等を実施する者となる金融機関などの民間事業者には、各種罰則が科せられます。次ページで詳しく挙げているので、参考にしてください。

金融機関や行職員は、個人情報・特定個人情報いずれについても罰則も意識して管理することが必要です。

●個人情報と特定個人情報の報告・罰則の比較

	個人情報	特定個人情報
漏えい報告等	努力義務（2020年改正法で義務化）	義務
罰則	直接罰もあるが、間接罰が中心	直接罰として各種罰則が定められている

●マイナンバー法上の罰則の規定

主体	行為	法定刑	国外犯処罰	両罰規定
マイナンバーを利用する事務等に従事する者等	正当な理由なく、業務に関して取り扱った個人の秘密に属する事項が記録された特定個人情報ファイル等を提供	4年以下の懲役もしくは200万円以下の罰金または併科	○	○
同上	業務に関して知り得たマイナンバーを不正な利益を図る目的で提供または盗用	3年以下の懲役もしくは150万円以下の罰金または併科	○	○
何人も	人を欺き、人に暴行を加え、人を脅迫する行為により、または財物の窃取、施設への侵入、不正アクセス行為その他のマイナンバーを保有する者の管理を害する行為によりマイナンバーを取得	3年以下の懲役または150万円以下の罰金	○	○
何人も	偽りその他不正な手段によりマイナンバーカードまたは通知カードの交付を受けること	6月以下の懲役または50万円以下の罰金	×	○

※国外犯処罰…領域外で行われた犯罪でも処罰されること
※両罰規定…従業員が事業の一環として犯罪を起こした場合、事業主も処罰する規定

17 個人情報保護法違反の罰則と強化

　個人情報の取扱いに係る違反行為について、個人情報保護委員会が捕捉した案件に関しては、指導等により違法状態が是正されているのがほとんどです。一方で、個人情報保護委員会が漏えい等の報告を受けた事案や報告徴収・立入検査を行った事案の数は増加傾向にあります。

　個人情報保護法は、罰則を違反行為に対する最終的な実効性確保の手段とし、法人に対してもいわゆる両罰規定を設けていますが、罰金刑の効果は刑罰を科せられる者の資力によって大きく異なります。個人情報取扱事業者の中には、十分な資力を持つ者もおり、法人に対して行為者と同額の罰金を科したとしても、罰則として十分な抑止効果は期待できません。

　そこで、2020年に改正された個人情報保護法では、法人処罰規定に係る重科の導入を含め罰則の見直しが行われました。

　なお、2020年の法改正にあたっては、課徴金制度の検討も行われましたが、従前に個人情報保護法違反による罰金の執行事例もないことも踏まえて、ペナルティの強化は法定刑の引上げにより対処することとして、課徴金制度の導入を行わないことが判断されました。

　2020年の法改正による罰則の強化は、以下のような内容です。

㋐措置命令違反の罰則の強化

　個人情報保護委員会の措置命令違反をした者に対する罰則は、「6月以下の懲役または30万円以下の罰金」から、「1年以下の懲役または100万円以下の罰金」へと強化されました。

㋑報告・立入検査の忌避に対する罰則の強化

　個人情報保護委員会に報告もしくは資料の提出を行わず、もしくは虚

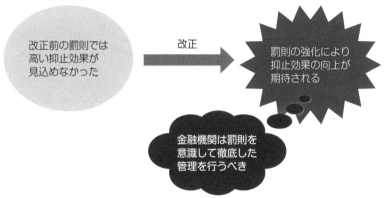

●罰則の強化による抑止力の強化（2020年12月施行）

●改正法による罰則の強化

	改正後 （2020年12月施行）	改正前
措置命令違反に対する罰則	1年以下の懲役または100万円以下の罰金	6月以下の懲役または30万円以下の罰金
報告・立入検査の忌避に対する罰則	50万円以下の罰金	30万円以下の罰金
法人に対する罰則	1億円以下の罰金	各条の罰金刑（自然人と同じ）
課徴金	なし	なし

偽の報告をし、もしくは虚偽の資料を提出し、または当該職員の質問に対して答弁をせず、もしくは虚偽の答弁をし、もしくは検査を拒み、妨げ、もしくは忌避したときには、改正前では「30万円以下の罰金」とされていました。改正法で「50万円以下の罰金」に強化されています。

ⓦ法人重科

措置命令違反や個人情報データベース等の不正流用を行った場合の法人に対する罰金刑について、改正により上限が1億円に引き上げられました。

以上の改正事項は、2020年12月12日に施行されています。

第2章

こんなときどうする!?
個人情報の取扱い

①預金口座の開設時に利用目的を明示する

預金口座の開設申込書に記された氏名や生年月日等は、特定の個人を識別することができる情報であり、個人情報に該当します。金融機関は、個人情報保護法に定める個人情報取扱事業者に該当しますので、個人情報を取得する場合は、個人情報がどのような事業の用に供され、どのような目的で利用されるかを本人が合理的に予想できるように、利用目的をできる限り特定したうえで取得しなければなりません。

また、個人情報を取得した場合は、あらかじめ利用目的を公表している場合や、取得の状況からみて利用目的が明らかであると認められる場合を除き、速やかに利用目的を本人に通知し、または公表しなければなりません。この場合、本人への通知は、原則として書面により行うことが求められています。

開設申込書には、個人情報の利用目的を明示しておき、口座開設時にはその内容を事前によく説明したうえで、口座開設手続きを行う等の配慮が必要です。

▼こう対応しよう

〈取得時〉

②融資取引の際に利用について同意を得る

金融機関は、「金融分野における個人情報保護に関するガイドライン」（金融分野ガイドライン）等に基づき、融資取引に際してお客様の個人情報を取得する場合には、利用目的を明示する書面に確認欄を設けること等により、原則として利用目的について本人の同意を得ることが求められています。

また、契約書等における利用目的は、他の契約条項等と明確に分離して記載するよう留意すべきものとされています。そのため、金融機関では、利用目的を明示した「個人情報の取扱いに関する同意書」をお客様から取りつけることで、お客様の同意を得ています。

金融機関が説得したにもかかわらず、お客様の同意が得られなかった場合は、融資取引は事実上難しいと思います。また、お客様の同意を得ることなく融資を行った場合、金融分野ガイドラインに違反するだけでなく、お客様から苦情の申出を受け、金融機関の評判を落とすことにもなりかねません。こうしたリスクを十分に認識して対応してください。

▼こう対応しよう

43

③「個人情報ってなに？」とお客様に聞かれた

　個人情報保護法において、個人情報とは、生存する個人に関する情報であって、「当該情報に含まれる氏名、生年月日その他の記述等により特定の個人を識別することができるもの（他の情報と容易に照合することができ、それにより特定の個人を識別することができることとなるものを含む）」、または「個人識別符号が含まれるもの」のいずれかに該当するものをいうとされています。

　個人識別符号とは、当該情報単体から特定の個人を識別できるものとして、法令で定められた文字・番号・記号その他の符号のことをいい、例えば、DNAの塩基配列や指紋等の身体の一部の特徴を電子計算機の用に供するために変換した符号のほか、運転免許証番号や個人番号（マイナンバー）、旅券番号、基礎年金番号等が該当します。

　なお、死者に関する情報であっても遺族等の生存する個人に関する情報に該当する場合や、法人の役員や従業員等に関する情報は個人情報に該当しますので留意しましょう。

▼こう対応しよう

この個人情報ってなに？　名前とか生年月日とか？

そのとおりです　法律上は生存する個人に関する情報とされていまして——

名前や生年月日のほか他の情報と容易に照合することにより

特定の個人を識別することができる場合の電話番号や住所等が該当するといわれています

なるほどねよく分かったわ

〈取得時〉

④DMのための個人情報利用を断られた

金融機関は、個人情報がどのような事業の用に供され、どのような目的で利用されるかを本人が想定できるように、個人情報の利用目的をできるだけ具体的に特定しなければならず、利用目的の達成に必要な範囲を超えて個人情報を取り扱うことは、一部の例外（法令に基づく場合や、人の生命、身体または財産の保護のために必要がある場合であって、本人の同意を得ることが困難である場合等）を除いて行うことができません。

金融機関では、個人情報の利用目的の1つとして、「ダイレクトメール（DM）の発送等、金融商品やサービスに関する各種提案」を定めていることと思います。

ただし、お客様から、DMの送付等を含むダイレクト・マーケティング（特定の商品やサービスに適合するお客様に限定して、DMの送付やテレマーケティングその他のセールス活動を行うこと）の中止を求められた場合は、当該目的での個人情報の利用や第三者への提供を中止しなければなりません。

▼こう対応しよう

45

⑤機微情報のある本人確認書類が提示された

金融分野ガイドラインでは、機微（センシティブ）情報とは、㋐個人情報保護法２条３項に定める要配慮個人情報（本人の人種や信条、社会的身分、病歴、犯罪の経歴、犯罪により害を被った事実等）ならびに㋑労働組合への加盟や門地、本籍地、保健医療および性生活（これらのうち要配慮個人情報に該当するものを除く）に関する情報をいうと定義されています。

機微情報は、特に慎重な取扱いが求められる個人情報ですから、金融機関は一部の例外（法令等に基づく場合や、相続手続きによる権利義務の移転等の遂行に必要な場合等）を除き、原則として取得、利用または第三者提供することができません。

したがって、**機微情報が記載**されている本人確認書類が提示された場合は、その部分を黒塗り（マスキング）しなければなりません。チェックリスト等で、機微情報が含まれていないか、マスキング漏れがないかをしっかり確認してください。

▼こう対応しよう

〈取得時〉

⑥お客様が伝票等を途中で書き間違えた

金融機関の伝票や各種帳票類には、お客様の氏名などを記入する欄があります。お客様の氏名が書かれた伝票は、お客様を特定することが可能ですので、個人情報に該当します。書き損じの伝票自体は個人データ（個人情報データベース等を構成する個人情報）には該当しないので、個人データに関する安全管理措置（個人データの漏えい、滅失または毀損の防止等に関する適切な措置を講ずること）の対象とはならないと思います。

しかしながら、書き損じの伝票がだれかに拾われ、それに含まれている個人情報が第三者に漏えいした場合、金融機関は金融分野ガイドラインに基づき、監督当局等に報告したり、お客様に事実関係等を通知したりすることになり、その結果、お客様に不信感等を抱かせることにもなります。

したがって、預かった書き損じの伝票は、個人データを廃棄する場合と同様、シュレッダーにかける等により、復元ができないように粉砕したうえで廃棄するといった対応が求められます。

▼こう対応しよう

⑦本人から電話で個人情報の照会があった

金融機関は、法令等に基づき、取引に関して取得した顧客情報を正当な理由なく第三者に漏らしてはならないという義務があります。お客様から電話で預金残高等の個人情報について照会があった場合、第三者に漏えいしないように、本人からの申出であるかを確認することが重要です。

電話による照会の場合、第三者が本人になりすまして照会している可能性もありますので、明らかに本人からの電話であると確証が持てる場合以外は、いったん電話を切って届出を受けている電話番号にかけなおす等の対応が必要です。

本人以外から照会があった場合は、守秘義務を理由に、原則として応じることはできません。ただし、家族等から照会があった場合で、本人から承諾を得た場合や、本人の委任状等がある場合は、応えてもよいでしょう。

なお、電子メールで回答を求められた場合、通信内容が外部に漏れるリスクが考えられますので、セキュリティ対策を施したうえで照会に応じる等の配慮が必要です。

▼こう対応しよう

はい 近代銀行新井支店でございます

薬師丸ひろしという者だが私の預金残高を知りたくてね

かしこまりました ご本人様であることを確認するためにもお届出の電話番号にこちらからおかけします

この電話を一度お切りしますね

あぁ 私だよ 近代銀行さんだね

薬師丸ひろし様でございますか

数分後

〈管理時〉

⑧マイナンバーの使われ方を聞かれた

2016年1月から開始したマイナンバー制度では、行政手続きを効率化するために、日本に住民登録している個人に対して12桁のマイナンバー（個人番号）を付番することで、個人の特定を確実かつ迅速に行うこととしています。

　マイナンバーの収集等は、マイナンバー法（番号法）に基づく一定の場合を除き禁止されており、金融機関では、税法をはじめとする法令により、マイナンバーを必要とする取引に限られています。

　具体的には、⑦投資信託や公共債などの証券取引全般、⑦外国送金（支払い・受取り）、⑦信託取引（金銭信託等）、および⑦預金取引（預貯金口座付番）です。

　これらのうちの預貯金口座付番は、2018年1月から始まった制度です。金融機関は、預貯金者等情報をマイナンバーで検索できる状態で管理しなければならないため、お客様から任意でマイナンバーの告知を受けています。お客様には、法令に基づいて適切に行っていることを説明し、理解してもらいましょう。

▼こう対応しよう

（１コマ目）
私のマイナンバーはどのように使われているの？

税法等の定めに従いまして証券取引全般や外国送金信託取引などでご申告いただいていますが——

（２コマ目）
確か三戸様の場合はNISA口座開設の際にご申告いただきましたよね

ええ

（３コマ目）
NISAを含む証券取引について銀行は税務署に法定調書を提出します

その際にマイナンバーを記載するのです

〈管理時〉

⑨弁護士会から顧客情報の照会があった

弁護士からお客様の情報について照会を受けるケースには、弁護士会を通じて行われる場合（弁護士会照会）と、弁護士会を通さない場合とがあります。

弁護士法23条の2では、「弁護士は受任している事件について所属弁護士会に対し、公務所または公私の団体に照会して、必要な事項の報告を求めることができる」とされています。

報告することによって得られる公共的利益が、報告しないことによって守られる利益（守秘義務等）を上回っている場合には報告義務があるとされており、回答しても個人情報保護法違反には問われません。照会内容や個人情報の性質等を考慮し、個別事案ごとに慎重に判断してください。

一方、弁護士会を通さない場合ですが、弁護士個人に照会する権限があるかを確認することが必要です。破産管財人や成年後見人等、法令で権限が認められている場合以外は、委任状等により委任を受けた弁護士であることを確認したうえで、照会に応じます。

▼こう対応しよう

〈管理時〉

⑩税務署等から顧客情報の照会があった

税務署がお客様の情報を照会するケースには、裁判所からの令状に基づく強制調査と、滞納処分等のための任意調査があります。

強制調査は、刑事事件の証拠収集のために行われるので、金融機関は全面協力する必要があり、お客様の情報を開示しても守秘義務違反に問われることはありません。

一方、任意調査は、金融機関の承諾のもとに実施されますが、金融機関は正当な理由がない限り拒否できません。なお、国税通則法に基づく任意調査は、拒絶すれば強制調査に切り替わるので、通常は強制調査と同様に対応します。

警察等の捜査当局からの照会にも、強制捜査と任意捜査があります。

強制捜査は、裁判所の捜査令状に基づくものであり、金融機関は全面的に捜査に協力する必要があります。

任意捜査については、不回答に対する処罰等はありません。回答しても守秘義務違反に問われることはないため、通常はお客様の同意を得ることなく任意捜査に応じています。

▼こう対応しよう

近代税務署のものです　税務調査で参りました

かしこまりました　少々お待ちくださいませ

支店長　近代税務署の方が税務調査にいらっしゃいました

応接室にお通しして　私が対応するから

数分後

忙しいところ悪いけど　税務調査に応えるためこのお客様の預金取引履歴を出してくれ

はい

⑪個人データが漏えいしたおそれがある

金融機関は、個人データの漏えい事案等が発生した場合には、実務指針に基づき、以下の対応を実施することになります。なお、漏えい事案等には、金融機関が保有する個人データ（個人情報データベース等に入力された個人情報）が漏えい、滅失または毀損が発生した場合のほか、そのおそれがある場合も含まれます。

金融機関は、体制整備として、㋐対応部署の整備や、㋑漏えい事案等の影響・原因等に関する調査体制の整備、㋒再発防止策・事後対策の検討体制の整備、および㋓自社内外への報告体制の整備が求められます。

また、それと併せて、Ⓐ監督当局等への報告や、Ⓑ本人への通知等、およびⒸ二次被害の防止・類似事案の発生回避等の観点からの漏えい等事案等の事実関係および再発防止策等の早急な公表の実施も求められます。

なお、個人データの漏えい数が多数であり、本人への通知が困難である場合には、本人への通知を公表によって代替する方法もあり得ます。

▼こう対応しよう

52

〈廃棄時〉

⑫個人情報が記載されたメモを捨てる

業務上、お客様の氏名や住所などの個人情報を記載したメモを作成することがあると思います。

　このようなメモが個人データに該当するかですが、金融機関内の個人情報データベース等を使って作成されたものであれば、個人データに該当すると考えられます。また、個人データに該当しない場合でも、お客様の氏名等が記載されたメモであれば、特定の個人を識別することができますから、個人情報に該当します。

　個人情報が記載されたメモが不要になった場合に、そのままの状態でゴミ箱に捨てることは、不特定のだれかに拾われ、個人情報が漏えいするリスクが高いと考えられます。したがって、不要なメモをそのままゴミ箱に捨てることは避けなければなりません。

　47ページの⑥で解説した個人情報が記載されている書類等と同様に、個人情報が記載されているメモについても、シュレッダーにかけて復元不可能な形に粉砕する、専門業者に委託して処理する等の方法により廃棄すべきです。

▼こう対応しよう

〈廃棄時〉

⑬解約時に利用停止と消去を求められた

金融機関は、個人データを利用する必要がなくなったときは、当該個人データを遅滞なく消去するように努めなければなりません。ここでいう、「利用する必要がなくなったとき」とは、法令の定めにより保存期間等が定められている場合を除き、利用目的が達成され、当該個人データを保有する合理的な理由が存在しなくなった場合等が該当します。

また、個人データの消去とは、当該個人データを個人データとして使えなくすること（具体的には、通常の方法では当該データを復旧できない状態にすること）であり、当該データを削除することのほか、当該データから特定の個人を識別できないようにすることを含みます。

本ケースのように口座が解約され、今後個人データを利用する可能性がない場合は、法令等で保存期間が定められているもの（例えば、犯罪収益移転防止法に基づく確認記録は7年間保存）はその期限まで継続してデータを保有し、それ以外のデータは速やかに消去しています。

▼こう対応しよう

54

第3章

これはダメ！
ルール違反になる
個人情報の取扱い

〈取得時〉

①個人情報の利用目的を一切通知しない

2005年4月に全面施行された個人情報保護法の立法趣旨は、個人情報の有用性に配慮しつつ、個人が持つ自己の情報に関する利益を適切に保護することにあります。

　同法では個人情報データベース等を事業の用に供している者を個人情報取扱事業者と定義し（2条5項）、こうした事業者が負うべき義務を列挙しています。この中には、個人情報の利用目的のできる限りの特定（15条）や、あらかじめ利用目的を公表している場合を除く個人情報取得時の利用目的の本人への通知または公表（18条）が含まれます。

　金融機関も、個人情報取扱事業者に該当するため、これらの義務を遵守する必要があります。実務上では、個人情報保護宣言等に個人情報の利用目的を掲げ、店頭やホームページで公表している金融機関も少なくありません。各担当者は、「既に公表しているので通知不用」とするのではなく、これらの保護宣言等と併せて改めて利用目的を通知し、お客様に安心感をもたらすことが肝要です。

〈取得時〉

②融資取引で個人情報の同意書を貰い忘れる

個人情報保護法では、金融機関を含む個人情報取扱事業者に、個人情報の利用目的をできる限り特定することを求めています（15条）。そのうえで、事前の本人の同意なしに、特定された利用目的の達成に必要な範囲を超えて個人情報を取り扱うことを禁じてもいます（16条）。

　個人向け融資取引には、それに先んじた与信判断が不可欠であり、その過程で、個人信用情報機関の情報を利用します。具体的には、既往登録されている情報の利用（照会）だけでなく、利用日と申し込まれた融資内容の登録も行います。登録後には、個人信用情報機関加盟会員によって、情報が利用（照会）もされます。

　これらは預金口座開設時等の利用目的の範囲を超えており、お客様への影響も相対的に大きくなります。よって、事前同意が不可欠であり、実務上では、記入後の同意書の受領なしには与信判断に利用できません。対応漏れ防止のため、事務対応用チェックリスト等を活用します。

③マイナンバーを誤って取得する

　マイナンバー制度は、「行政手続における特定の個人を識別するための番号の利用等に関する法律」を根拠法として、2016年1月に導入されました。導入目的は、行政の効率化・国民の利便性の向上・公平かつ公正な社会の実現であり、社会保障・税・災害対策に関係する行政手続きに利用されます。

　2018年1月より、金融機関に対しても、預金口座の名義人へのマイナンバーの紐付け管理が義務づけられることになり、俗に"預貯金口座付番"と呼ばれています。㋐普通・定期ほか預金以外にも、㋑国債・投資信託などの証券、㋒外国送金、㋓信託取引に限ってマイナンバーを取得します。その一方で、マイナンバーについては、法令で定められた用途以外での利用が禁じられています。

　したがって、マイナンバーカードや住民票の写しなどマイナンバーの記載された書類の取扱いに関しては、内部ルールに沿った要否確認を行ったうえで、取得の必要があるときのみ取得してください。

〈取得時〉

④健康保険証の記号等をマスキングしない

健康保険法等の一部改正により、2019年7月以降に新規発行された健康保険被保険者証（以下、保険証）には2桁の個人識別番号が追加され、保険証が世帯単位から個人単位になりました。

　これに伴い、2020年10月より医療行為以外で保険証の記号・番号等の告知を求めることが禁じられる告知要求制限が実施されています。したがって、取引時確認で保険証が提示された際にマスキングなしのスキャンを行えば法令違反となります。

　その一方で、犯罪収益移転防止法では、確認時に「本人確認書類または補完書類を特定するに足りる事項」の記録が求められます。よって、確認時に保険証を使用する際には、記号・番号に代わる特定事項として、保険者名称・交付年月日などを記録します。

　なお、全国健康保険協会や一部の組合健保が発行する保険証に表示された二次元コードも上記の記号・番号等に該当するため、マスキングが必要となることに注意願います。

〈取得時〉

⑤機微情報をコピーしたが黒塗りにしていない

$\raisebox{0pt}{\huge 金}$融分野における個人情報保護に関するガイドライン6条には、機微（センシティブ）情報に関する取扱いが定められています。

　機微情報は、⑦政治的見解、⑦信教（宗教、思想および信条）、⑦労働組合への加盟、⑦人種および民族、⑦門地および本籍地、⑦保健医療および性生活、⑦犯罪歴が該当します。法令等に基づく場合や生体認証情報を本人の同意に基づいて本人確認に用いる場合などを除き、情報の取得・利用または第三者提供が制限されます。同条の2では、特に慎重な取扱いが改めて注意喚起されています。

　したがって、**機微情報を含む本人確認書類（身体障害者手帳や戸籍など）の提示を受けた際には、機微情報を取得・保存しないための対応が求められます。**実務上では、機微情報の該当部分をあらかじめ隠して複写するマスキングのほか、複写後の該当部分の塗り潰しが代表的です。

　漏れのない対応のため、前もって内部ルールを参照し、慎重に取扱うことが肝要です。

〈取得時〉

⑥母校の卒業生名簿を営業活動に利用する

　　人情報保護法２条５項では、個人情報取扱事業者を「個人情報デ
　　ータベース等を事業の用に供している者」と定めています。ま
た、同条６項では、個人データを「個人情報データベース等を構成する
個人情報」と定めています。

　個人情報保護法の条文自体には、「名簿」の文言がない一方で、同法
を所管している個人情報保護委員会からの注意情報には、「名簿等個人
データ」という記載がみられます。よって、名簿が典型的な個人データ
と認識されていることがうかがえるため、金融機関を含む個人情報取扱
事業者には、その前提に沿った対応が求められます。

　個人情報保護法上には、個人情報利用目的のできる限りの特定（15
条）と、本人の同意なしに特定範囲を超えた取扱いの禁止（16条）が規
定されています。たとえ母校の卒業生名簿であっても、営業活動に利用
することはできません。このため、本店や支店への持参や業務時間中の
持ち歩きを禁じることが現実的です。

⑦社員名簿を社長から借りてDMに利用する

個人情報保護法上では、個人情報データベース等を事業の用に供している者を個人情報取扱事業者と定めています（2条5項）。「事業の用」の範囲は、営業活動に限定されないため、内部での連絡用名簿も事業の用の一環と解されます。よって、「社員名簿を保有・活用している会社＝個人情報取扱事業者」と認識する必要があります。

　同法には、個人情報取扱事業者が業務に関して取り扱った個人情報データベース等を自己もしくは第三者の不正な利益を図る目的で提供した場合の罰則も規定されています（83条）。

　前ケースの⑥で述べたとおり、名簿は個人情報データベースではなく当該データベース等を構成する個人データですが、係争発展時に同等に司法判断される可能性は否定できません。

　したがって、金融機関の担当者がDMのため社長から社員名簿を借りるには、金融機関だけでなく社長にも社員側の事前同意が必要となります。現実的ではないため、利用できないと理解願います。

〈取得時〉

⑧ゴルフ会員権名簿をDB化し電話セールスする

　個人情報保護法の立法趣旨は、個人情報の適正かつ効果的な活用によって新たな産業の創出・活力ある経済社会・豊かな国民生活に資するとともに、情報の有用性に配慮しつつ個人の権利利益を保護することです（1条）。法の基本理念として、個人の人格を尊重した慎重な取扱いが求められる情報ゆえ、適正な取扱いを図るべきことも規定されています（3条）。電話セールスを実施する目的でゴルフ会員権名簿をデータベース化することは、条文上の個人の権利利益の保護や、個人の人格を尊重した慎重な取扱いには該当しません。

　また、同法では、個人情報取扱事業者に、個人情報取得時の本人への利用目的の通知または公表を義務づけています（18条）。たとえゴルフ会員権名簿の取得時に、セールス実施という利用目的を本人に通知しても、了解が得られないでしょう。

　したがって、金融機関を含む個人情報取扱事業者に許される行為ではないため、実施できません。

⑨個人情報書類を机上に置いたまま離席する

　人情報保護法上では、個人情報取扱事業者に対し、個人データの漏えい、滅失または毀損の防止その他個人データの安全管理のために必要かつ適切な措置を講じることが規定されています（20条）。また、個人データの安全管理が図られるよう、従事者に対して必要かつ適切な監督を行うよう規定もされています（21条）。

　金融機関店舗への来店者の大部分は、金融機能を適正に利用しようとする人々が占めますが、残念ながら自己または第三者の利益のためには不法行為も辞さない人々もままみられます。よって店舗運営においては、常にリスクを意識せざるを得ません。

　最近のスマートフォンの内臓デジタルカメラは極めて高性能で、離れた位置から撮った写真でも、拡大・加工による閲覧が容易に可能です。

　したがって、個人情報を含む書類の机上放置だけでなく、パソコンなど電子機器の画面についても、第三者から確認可能な状態のままの離席は認められません。

〈管理時〉

⑩著名人の個人データを興味本位で閲覧する

　個人情報保護上には、個人情報について、個人の人格尊重の理念の下で慎重に取り扱われるべきものであること、そのために適正な取扱いが図られるべきことが規定されています（3条）。合わせて、個人情報取扱事業者に、個人情報の利用目的のできる限りの特定（15条）と、事前に本人から同意を得ないままに特定利用目的の達成に必要な範囲を超えた情報の取扱禁止（16条）も規定しています。

　個人情報取扱事業者である金融機関は、お客様と取り交わす同意書に「個人情報を利用目的の達成に必要な範囲で取得・保有・利用する」と記載しています。有名無名を問わず、お客様の個人情報は、業務上必要な特定された利用目的を達成する範囲内に限って当然に慎重に取り扱われるべきものです。

　したがって、お客様の個人情報の興味本位の閲覧は、明確な法令違反かつ同意書の契約不履行事象にも該当します。実際に、金融機関でもこのような不適切な事例がみられるため、明確に注意願います。

⑪勝手に自宅へ個人情報書類を持ち帰る

　個人情報保護法は、個人情報に接する従事者個々人にではなく、個人情報取扱事業者に対して、組織としての従事者への管理監督を含めた責任を求める建付けとしています。具体的には、20条で個人データの漏えい、滅失または毀損の防止その他個人データの安全管理のために必要かつ適切な措置を講じること、21条で安全管理のため従事者に適切な監督を行うことが規定されています。

　自宅で仕事を行うため、お客様の個人情報を持ち帰ること自体は、法令には抵触しません。よって各金融機関では、（やむなく）持ち帰る場合の内部ルールを定め、就業規則でその遵守を求めています。

　そもそもお客様側は、金融機能の利用と引き換えに金融機関に個人情報を消極的に開示しており、行職員の自宅への持ち帰りは想定していません。結果として漏えいに行き着く可能性を高め、お客様からの信頼を失墜させかねないため、無断はもちろん、事前に許可を得た持ち帰りも極力抑制してください。

〈管理時〉

⑫雑談で他のお客様の個人情報を話す

　　人情報保護法では、法令に基づく場合や人の生命、身体または財産の保護のために必要な場合かつ本人の同意を得ることが困難な場合などを除き、本人の同意なしに個人データを第三者に提供することを禁じています（23条）。また、同意に先んじた個人データの提供に他ならない漏えいを想定し、個人情報取扱事業者に、安全管理のために必要かつ適切な措置を講じるよう求めてもいます（20条）。

　口頭は、漏えい原因・経路の1つとして、金融機関での発生時に金融庁長官宛に報告する様式にも掲げられています。同意なしに他のお客様の情報を話した場合、内容が個人データに該当するか否かは個別判断となりますが、仮に個人データに該当しなくても、個人データ以外の個人情報に該当する可能性があります。

　したがって当然ながら、たとえ雑談であっても、事前同意なくお客様の情報を第三者に話すことは絶対に許されません。マナーではなく、法令違反に該当する事項であると認識願います。

〈管理時〉

⑬お客様の家族に取引情報を無断で伝える

　　個人情報保護法23条は、個人情報取扱事業者に、法令に基づく場合など一定の場合を除き、事前の本人の同意なしに個人データを第三者に提供することを禁じています。この「第三者」は、個人情報取扱事業者と本人のいずれにも該当しない者となるため、本人の法定代理人等を除けば、家族でも第三者に該当します。

　したがって、事前の本人の同意なしに取引情報を無断で伝えれば、情報の漏えいとなります。配偶者など生計を一にする同居親族も、この例外ではありません。個人が持つ財産の多くを金融財産が占めることもあるため、不用意な情報漏えいは親族間の争議などに巻き込まれかねないことを理解のうえ、情報管理を徹底することが肝要です。

　その一方で、本人が家族連れで来店し預金を申し込んだ際に入手した情報を後日に同行家族へ伝える場合など、状況と照合して本人が実質的に同意していると判断できることもあります。このような場合は、個人データの漏えいには該当しません。

〈管理時〉

⑭他のお客様へ送る書類を誤って送付する

　　融分野における個人情報保護に関するガイドライン22条1項に
金　は、個人情報取扱事業者に、漏えい事案等の発生時に当局に直ち
に報告を行うことが規定されています。報告書様式には、漏えい原因・
経路が設定され、その冒頭が「配送等の誤配」となっています。よっ
て、様式の作成・公表時点で、当局側に誤配による漏えい事象の発生が
相応に見込まれていたことがうかがえます。

　誤配の場合を含め、事前の本人同意なしに取引情報を第三者に無断で
伝えれば、情報漏えいに該当します。実務上では、お客様などに連日多
数の書類等を送付する実情がみられるため、誤りのない対応が絶対的に
求められます。

　特に、コンピュータシステムで通常取り扱う対応ではなく、異例取引
など人の"手"を介した取扱時に、誤りをもたらす傾向が認められま
す。したがって、作業時には、複数の行職員による"眼"を変えた確認
を行うことが一案となります。

〈管理時〉

⑮お客様の名刺を雑に保管し紛失する

　　人情報保護法では、特定の個人情報を容易に検索することができ
　　るように体系的に構成したものとして政令で定めるものなどを
「個人情報データベース等」と定義しています（2条4項の2）。よっ
て、電子計算機で検索可能な電磁記録のみならず、紙でも一定の規則で
整理・分類されて検索可能なものは該当する可能性があります。

　また、個人情報データベース等を構成する個人情報を「個人データ」
と定義しています（2条6項）。そのうえで、個人情報取扱事業者に、
個人データの漏えい、滅失または毀損の防止その他の安全管理措置を講
じることを求めています（20条）。

　名刺も検索可能な状態で紛失すれば、漏えい事象に該当する可能性が
あり、金融庁に報告を行う必要が生じます。過去には、実際に大手証券
会社が個人情報の中身を名刺とする紛失事象を公表しています。

　こうした紛失防止のためには、適切な保管に加え、持ち出し自体を抑
制することが有効です。

〈管理時〉

⑯学習用にお客様の帳票をコピーする

　　人情報保護法では、生存する個人に関する情報のうち、㋐氏名・生年月日その他により特定の個人が識別できるもの、㋑個人識別符号が含まれるもののいずれかに該当するものを「個人情報」と定義しています（2条1項の1および2）。

　そのうえで、金融機関を含む個人情報取扱事業者に、個人情報の利用目的のできる限りの特定（15条）と、特定された利用目的達成に必要な範囲を超えた事前同意なしの取扱いを禁じています（16条）。

　お客様の帳票には、お客様を特定するため、氏名や口座番号等が記載されます。よって記入済みの帳票は、個人情報に該当します。

　また、帳票の作成・利用目的は、お客様の依頼に沿った金融取引に誤りなく応じるためです。たとえ行職員の前向きな動機に沿った学習の用でも、個人情報の利用目的の達成に必要な範囲の中には含まれません。

　したがって、利用目的外の取扱いであるため許されない対応と理解願います。

〈管理時〉

⑰業務上知り得た要配慮個人情報を漏らす

要配慮個人情報とは、個人情報保護法上、本人の人種や信条、社会的身分、病歴、犯罪の経歴、犯罪により害を被った事実その他本人に対する不当な差別、偏見その他の不利益が生じないようにその取扱いに特に配慮を要するものとして、政令で定める記述等が含まれる個人情報と定義されています（2条3項）。

　そのうえで、法令に基づく場合など一定の場合を除き、本人の事前同意なしに要配慮個人情報を取得することを禁じています（17条2項）。さらに、本人の事前同意なしには個人データを第三者には提供できず（23条1項）、漏えい時には事実関係と再発防止策などを金融庁を通じて個人情報保護委員会に報告しなければなりません（平成29年個人情報保護委員会告示第1号）。個人情報の中でも、より厳格な管理が求められるため、取得・利用時の手順などの内部ルールに従ってください。

　なお、2020年の改正個人情報保護法により、個人情報保護委員会への報告義務が厳格化されています。

〈管理時〉

⑱詐欺グループに個人情報を提供する

　個人情報保護法では、個人情報取扱事業者に対し、法令に基づく場合など一定の場合を除き、本人の事前同意なしに個人データを第三者に提供することを禁じています（23条）。そのうえで、個人情報取扱事業者が業務上で取り扱った個人情報データベース等を自己もしくは第三者の不正な利益を図る目的で提供または盗用した際の罰則を規定しています（83条）。

　詐欺グループにとって金融機関情報は垂涎の的であり、行職員との接触機会をうかがっています。近時も、銀行の元行員2名が詐欺事件に絡んで顧客情報を漏えいし、執行猶予付き有罪判決が下されました。

　防止・抑止のためには、詐欺グループや反社会的勢力とつながらないことが肝要です。違法カジノ店への出入りや危険ドラッグの購入などに足を踏み入れれば、破滅しかないと自戒してください。

　なお、2020年の改正個人情報保護法により、同年12月には罰則が強化されましたので、改めて法令違反と認識することが求められます。

⑲個人情報が映った画像をSNSにアップする

　人情報保護法では、個人情報取扱事業者に個人情報の利用目的を
できる限り特定させたうえで（15条）、本人の事前同意なしに特
定された利用目的達成範囲を超えた取扱いを禁じています（16条）。ま
た、本人の事前同意なしに個人データを第三者に提供することも禁じて
います（23条）。

　お客様の個人情報を含む画像を第三者が閲覧可能なSNSに公開する
行為は、これらに抵触し、結果として漏えい事象に該当する可能性があ
ります。業務上知り得た情報を外部に漏らさないという就業規則上の守
秘義務への抵触だけでなく、法令違反にも該当しかねません。

　金融機関では、金融財産をはじめ、実務で取り扱う膨大な個人情報を
管理しています。金融機関の店舗は、犯罪者や犯罪集団から常に狙われ
る対象でもあるため、もとより職場や業務上の活動を撮影した画像を
SNSに公開する行為自体を控えなければなりません。公私の区別の一
環と理解願います。

〈管理時〉

⑳本人からの預金取引履歴の照会に応じない

　　人から個人情報取扱事業者に「本人が識別される保有個人データ」の開示請求が可能であることが、個人情報保護法28条1項に規定されています。請求を受けた個人情報取扱事業者は、政令で定める方法で遅滞なく開示しなければならず、開示しないときや個人データが存在しないときには、本人に遅滞なく通知する必要があります（28条2項および3項）。

　また、個人情報取扱事業者側には、本人からの請求に先立って、その手続きを本人の知り得る状態にしておくことが求められます（27条1項の3）。この手続きに則った請求に速やかに対応しなければ、法令違反に該当します。

　金融機関の多くは、本部に照会窓口を設定しているので、窓口部門名と電話番号を紹介できるよう控えておくと良いでしょう。合わせて、事務手続費用がかかること、依頼書の記入・提出ならびに本人確認書類が必要となることをお客様に説明できるようにしておくことが肝要です。

㉑利用停止・消去の申出に対応しない

　本人の事前同意なしに特定された利用目的範囲を超えた取扱いがなされた場合や、不正な手段で個人情報が取得された場合には、本人から個人情報取扱事業者に個人データの利用停止や消去が請求できます（個人情報保護法30条１項）。請求を受けた個人情報取扱事業者は、請求に理由があると判明した際に、遅滞なく利用停止等を行わなくてはなりません（30条２項）。なお、2020年の改正個人情報保護法により、個人の権利や正当な利益が害されるおそれがある場合にも、同様の対応が求められます（2020年４月施行）。

　実務上では、利用停止や消去の請求窓口を本部に設定している金融機関であれば、連絡先等を案内します。場合によっては、既に本人から本部に請求がなされたものの、本部の対応が遅延している、あるいは利用停止に代わる本人の権利利益の保護措置（30条２項）に納得していない可能性もあります。このような場合には、プライバシーに配慮しつつ主張を聴取し、必要に応じて苦情処理のスキームで対応します。

〈廃棄時〉

㉒お客様の書き損じ伝票をそのまま捨てる

　個人情報保護法20条では、個人情報取扱事業者に対し、個人データの漏えい、滅失または毀損の防止その他の個人データの安全管理措置を求めています。個人データは、個人情報データベースを構成する個人情報を指すため（2条6項）、氏名だけでなく、口座番号などの個人識別符号を含む伝票も該当します（2条1項の1および2）。

　金融機関を含む個人情報取扱事業者に求める漏えい防止の対象は、お客様が記入・作成した個人情報まで当然に及びます。勘定系ホストコンピュータへの入力に実際に使用したか否かも、一切問いません。

　したがって、お客様が書き損じた伝票についても、シュレッダーなどで物理的に復元できない状態にしたうえで、廃棄することが求められます。実務上では、営業日別に事業指定引取用ゴミ袋にまとめてから数営業日経過後にシュレッダーにかけて廃棄する金融機関や店舗がみられますが、"流れ作業"化する中で確認を怠った結果、事故などにつながる事象も散見されますので、注意願います。

〈廃棄時〉

㉓顧客情報を記したメモをそのまま捨てる

個人情報保護法20条で定められた個人情報取扱事業者に求める安全管理措置については、個人情報保護委員会によって「個人情報の保護に関する法律についてのガイドライン」が公表されています。

通則編では、物理的安全管理措置の具体的手法が例示され、個人データが記載された書類等を廃棄する方法として「焼却、溶解、適切なシュレッダー処理等の復元不可能な手段」を挙げています。

法律で定める個人情報の対象には、電磁的記録だけでなく文書や図画も含まれます。たとえ手書きのメモであっても、個人情報が記載されていれば安全管理措置を講じなければなりません。

過去には、保険代理店が顧客名を含む生損保の満期一覧表などを裁断せずに一般ゴミ袋に入れてゴミ置き場に投棄した結果、第三者に袋を破られ散乱した事実が報じられています。個人情報が含まれる手書きのメモをそのまま事業指定引取用ゴミ袋に入れた場合も、同様に散乱すれば漏えい事象に該当するため、内部ルールに則って廃棄願います。

〈廃棄時〉

㉔お客様の名刺をそのまま捨てる

　　実務を通じてお客様等から受領する名刺は、時間とともに膨大な数に達することが珍しくなく、所属先・業種・五十音・地域などの規則性に沿って保管・活用されることが一般的です。異動などで不要になった際には、こうして保管された名刺の束をそのまま廃棄する実情がままみられます。

　個人情報保護法では、特定の個人情報を検索できるよう体系的に構成したものを「個人情報データベース等」、それを構成する個人情報を「個人データ」と定義しています（2条4項の2および6項）。電磁的記録だけでなく、紙であっても一定の規則で整理・分類され、検索可能なものはこれらに該当します。

　よって、一定量の名刺を廃棄する際には、漏えいなどを防止するための安全管理措置を講じなければなりません。格納した事務ファイルなどのまま廃棄するはもってのほかです。事務ファイルなどから外した場合でも、検索できないよう裁断などを行って廃棄願います。

㉕マスキング書類をむやみに運んで捨てる

　人データの漏えい、滅失または毀損の防止その他の安全管理措置の具体的な手法は、個人情報保護委員会が公表する、「個人情報の保護に関する法律についてのガイドライン」に示されています。

　通則編に、物理的安全管理措置が例示され、持ち運び時の封緘や目隠しシールの貼付、施錠可能な搬送容器の利用などが挙げられています。また、廃棄時にも復元不可能な手段とすることや、責任者によって廃棄を確認することが挙げられています。

　機微情報や要配慮個人情報の不用意な取得・漏えい等を避けるために行うマスキングには、「隠すだけの情報が含まれる」ことを示唆する副作用があります。よって、該当箇所にマスキングすればよいと捉えるのではなく、漏えいや紛失等につながりかねない持ち運び工程自体を減らし、運ぶ際にも厳重な形で行い廃棄まで完結させる必要があります。

　防止・抑止のためには、廃棄作業を1人の担当者だけに任せ切りにしないことにも、留意願います。

巻末付録

〈図解〉
2020年法改正と実務への影響

〈図解〉2020年の法改

*ここでは、金融機関の実務に大きく影響する「2020年の個人情報
 保護法の改正点」を挙げて、必要な対応について紹介します。

開示請求のデジタル化

保有個人データの開示について、本人が電磁的記録による方法
を求めることができる
金融機関の対応：電磁的方法で提供できるよう態勢を整備す
る。お客様から電磁的方法を求められたら遅滞なく対応する

利用停止等の請求に係る要件の緩和

利用停止・消去・第三者提供の停止の請求に応じる義務が生じ
る場合が追加されている
金融機関の対応：「利用する必要がなくなった」ことを理由に
利用停止・消去の請求がなされた場合、事業の運営上利用が必
要なことを立証できるように整理しておく

漏えい等報告の義務化

個人データの漏えい・滅失・毀損等が発生した場合、個人情報
保護委員会への報告や本人への通知を行わなければならない
金融機関の対応：個人情報保護委員会規則で規定される方法に
従い、報告や通知を行うべく態勢を整備する

正と実務への影響

ペナルティの強化

措置命令違反や報告の忌避などに対する罰則が強化されている。法人への罰金刑が重科された

金融機関の対応：組織も個人も罰則が強化されたことを意識して、個人データの管理を厳重に行う

個人関連情報の第三者提供の制限

個人関連情報の提供を受けて本人が識別される個人データとして取得することを認める同意を本人から取得する必要がある

金融機関の対応：DMP 事業者等から Cookie（クッキー）や IP アドレス等と紐づいた Web 閲覧履歴や行動履歴等を個人関連情報として取得することについて、Web サイト上、明確な同意を取得することが必要になる

不適正な方法による利用の禁止

違法・不当な行為を助長し、または誘発するおそれがある方法により、個人情報を利用してはならない

金融機関の対応：利用目的を明示せずに個人情報を取得したり、明確な同意を取得せずに個人データを第三者に提供したりする場合には、この規定に違反する可能性があるので留意が必要

【著者略歴】

●第1章の執筆と巻末付録の監修●

渡邉　雅之（わたなべ　まさゆき）

弁護士法人三宅法律事務所　パートナー弁護士

東京大学法学部1995年卒。その後、総理府総務課勤務。

弁護士登録（2001年・54期）

専門分野は、個人情報保護法・マイナンバー法、サイバーセキュリティ、金融規制法、コンプライアンスなど。

著書に『令和2年改正 個人情報保護法Q&A：改正の背景から法改正内容まで』（第一法規）ほか、多数。

●第2章の執筆●

加来　輝正（かく　てるまさ）

西日本シティ銀行　コンプライアンス統括部　主任調査役

1962年3月生まれ。1985年3月、九州大学法学部卒業後、同行（旧西日本銀行）に入行。

営業店で預金・融資業務等を経験した後、1992年1月より本部融資部門にて、債権管理回収業務に従事。リーガルチェック・訴訟事件等の業務も担当する。

15年間ほど債権管理回収業務に携わった後、事務・コンプライアンス部門に異動。

融資事務を皮切りに、金融犯罪対策、相続・差押業務等に従事するほか、多くの法令改正対応に関与。現在は、マネロン・テロ資金供与対策（AML/

CFT）に関する態勢整備、リスクの分析評価等を行っている。

金融関連の専門誌への連載、書籍への執筆等も多数。

●第3章の執筆●

佐々木　城夛（ささき　じょうた）

信金中央金庫　信用金庫部　上席審議役

1967年8月、東京生まれ。1990年3月、慶應義塾大学法学部法律学科卒。

同年4月、信金中央金庫入庫。信用金庫部上席審議役兼コンサルティング室長、北海信用金庫常勤監事、静岡支店長、西尾信用金庫執行役員・企画部長、地域・中小企業研究所主席研究員等を経て現職。

著書に『金融機関の監査部監査・自店内検査力強化の手引き―金融機関を守る最後の砦』（金融財政事情研究会）、『これでわかった！　イケイケ銀行営業担当者への返信・脱皮法　取引先に行く勇気がわく本』（近代セールス社）、『あなたの店を強くする　全員営業体制のつくり方』（近代セールス社）など。

一般誌および専門誌へ社会動向・営業推進・リスク管理・能力開発等にかかる分析・解説連載・web出稿等多数。

【表紙・本文マンガ】

●第2章マンガの作成●

大島　小夜（東京デザイン専門学校マンガ科）

●第2章マンガの作成●

①〜⑫：りりお（東京デザイン専門学校マンガ科）

⑬〜㉕：尾川　峻飛（東京デザイン専門学校マンガ科）

●マンガ作成協力●

東京デザイン専門学校

1966年創立。原宿にキャンパスを構えるデザイン・アート・マンガ・アニメを学べる総合デザイン専門学校。地元原宿と連携した「原宿デザインカリキュラム」や企業と連携する「企業コラボカリキュラム」など独自のカリキュラムによる高い専門性とキャリア教育により、プロの第一歩が確実に踏み出せる職業人を育成している。

すぐに身につく個人情報の取扱いガイド

2021 年 5 月 25 日　初版発行

著　者 ——————— 渡邉 雅之／加来 輝正／佐々木 城夛
発行者 ——————— 楠 真一郎
発　行 ——————— 株式会社近代セールス社
　　　　　　　　　〒165-0026　東京都中野区新井2-10-11
　　　　　　　　　　　　　　　ヤシマ1804ビル 4 階
　　　　　　　　　電　話　03-6866-7586
　　　　　　　　　ＦＡＸ　03-6866-7596
印刷・製本 ——————— 株式会社暁印刷

ISBN 978-4-7650-2300-9